LE CURÉ

SANTA CRUZ

SON PORTRAIT — SA VIE -- UN AUTOGRAPHE.

BAYONNE

IMPRIMERIE LAMAIGNÈRE, RUE CHEGARAY, 39.

1873

Droits de traduction et de reproduction réservés.

PRÉFACE.

Nous allons présenter au lecteur une série de portraits, pour lui faire connaître les principaux hommes du parti carliste. C'est par Santa Cruz que nous commençons la galerie.

Santa Cruz est le type le plus étrange de la guerre actuelle; on a beaucoup écrit sur lui depuis deux mois : les uns l'ont attaqué avec violence, d'autres l'ont défendu avec obstination; personne n'a pu ainsi ni bien le connaître, ni bien le juger.

Notre intention n'est pas de froisser les opinions, mais de discuter les faits et les présenter ainsi sous un jour tout nouveau.

C. DE ROLDAN.

Lith. d. LIBERAU rue Seine, 34. PA
Manuel Santa Cruz

LE CURÉ SANTA CRUZ

C'était au milieu de l'année 1870. A Hernialde, petit village situé aux environs de Tolosa, le curé célébrait la messe. Quelques fidèles seulement assistaient à la cérémonie. Tout à coup, les portes de l'église s'ouvrent pour livrer passage à des soldats qui s'avancent jusqu'au pied de l'autel et attendent que le prêtre en soit descendu.

— Au nom de la loi, suivez-nous, dit l'officier au célébrant.

— Fort bien, répond le curé, mais encore faut-il que je déjeune. On n'a pas, sans doute, transcrit sur le mandat d'amener que vous me traîniez en prison l'estomac creux.

Cela est dit d'un ton si bénin, que l'officier se rend aux désirs du futur embastillé et l'accompagne jusqu'au presbytère.

— *Sin ceremonia*, voulez-vous accepter mon repas, dit le curé d'Hernialde.

— Grand merci.

Il avait l'air si bon enfant, ce prêtre ; l'officier se sentait déjà du faible pour lui, et les soldats taxaient tout haut Prim et Serrano de tyrannie pour une telle arrestation.

Les soldats attendaient ; un paysan passe au milieu d'eux portant sur sa tête une corbeille de fruits. On ne le regarde même pas. Le temps s'écoule, on s'impatiente, on monte..... Pas de curé.... Tableau !

Le prêtre et le paysan improvisé ne faisaient qu'un.

Celui qui venait de jouer ainsi les agents des triumvirs de Madrid n'était autre que Manuel Santa Cruz.

Il est né à Elduayen (Guipuscoa), le 25 mars 1842. Un vieil oncle lui donna quelques leçons de latin et le plaça dans un séminaire. Ceux qui l'ont connu à cette époque n'ont pas oublié l'habileté du futur curé d'Hernialdo dans tous les exercices du corps. C'était bien l'athlète de l'antiquité dont parlent les auteurs grecs.

En 1866, Santa Cruz chanta sa première messe ; quelque temps après, il fut nommé curé d'Hernialde. D'un caractère humble et modeste, il sut se concilier l'affection de ses amis ; austère dans sa morale rigide, inébranlable dans ses convictions, il crut en Dieu, puis en la patrie. Plus tard, les événements firent de lui le disciple et le défenseur du droit monarchique. Lorsqu'il entendit le récit de ces luttes héroïques, l'histoire de ces Titans qui ont eu nom Zumalacarréguy et Gonzalez Moreno, son œil étincelait, et quand il apprit qu'un Judas avait livré son roi et son drapeau à Vergara, qui sait s'il n'a pas dit comme Clovis, instruit par saint Remy : « Ah ! si j'avais été là avec les miens ! »

Avant l'année 1868, c'était un pauvre prêtre vivant avec sa sœur, qui m'a donné elle-même tous ces détails, et un parent que j'ai également l'honneur de connaître.

Qui eût pu soupçonner alors la réputation qu'il devait acquérir dans la suite? Il est hors de doute que, sans les circonstances présentes, Santa Cruz eût continué, comme par le passé, à remplir son saint ministère, et il serait mort ignoré dans son village de la montagne.

L'année 1870 amena une première tentative carliste, qui échoua à son début par la trahison du colonel Escoda. Les quatre provinces devaient proclamer Charles VII au mois d'août. On avait amassé des armes, et le hasard fit qu'un *cabecilla* assez connu pria le curé Santa Cruz de veiller sur un dépôt de fusils qui se trouvait à Hernialde. Dépôt et dépositaire furent dénoncés à l'alcalde de l'endroit. Ce fut alors qu'une lettre de cachet à l'espagnole fut lancée contre le pauvre prêtre; nous savons quelles en furent les suites.

De 1870 à 1872, Santa Cruz erra successivement dans les montagnes et en France. Il demeura quelque temps à Urrugne et fut ensuite interné à Nantes.

Du temps qu'il a passé dans notre pays, j'ai recueilli l'anecdote suivante :

La scène se passe à Saint-Jean-de-Luz ; deux gendarmes l'arrêtent sur le pont qui relie cette ville à Ciboure.

— Vos papiers, lui demandent-ils.

— Mes papiers, je vais vous les donner, dit Santa Cruz sans se déconcerter.

Il fouille dans sa poche, feignant de chercher ; pas de papiers. Il simule des difficultés imaginaires, tâte ses poches et cherche toujours.

Les gendarmes croyaient mon homme en règle, et qui ne se serait fié à ce sang-froid. L'un causait avec un passant, l'autre écoutait causer son camarade. Santa Cruz profite du moment et s'échappe. Il court, il vole, à la grande joie des badauds, riant à gorge déployée · de voir si rapidement s'enfuir un prêtre carliste poursuivi par deux agents de l'autorité embarrassés dans leurs bottes légendaires.

La course dura près d'une heure. Un paysan se mit malheureusement de la partie. Il se jeta sur le fuyard et le livra aux gendarmes essoufflés.

En 1872, Don Carlos fit un appel aux Espagnols. Trente mille hommes se levèrent, dans les diverses provinces au cri de : *Vive le Roi !* Santa Cruz repassa la frontière et s'engagea comme aumônier dans la bande de Recondo. Au bout de quelques jours, il était l'âme de cette petite troupe. Ce jeune prêtre montrait dès lors les qualités d'un général.

Tout le monde connaît les diverses péripéties de ce soulèvement, le désastre d'Oroquieta, qui eût été encore plus complet si Dieu n'eut sauvé le Roi ; les combats de Mañaria et d'Oñate et la fameuse convention d'Amorovieta.

O jours de lutte, de douleur et d'espérance ! Ceux qui vous ont connus ne vous oublieront jamais. On combattait aux cris de : *A bas l'étranger ! Vive la Religion !* Il semblait que, du haut du ciel, Dieu dût bénir nos armes. Hélas ! que peut la valeur contre la trahison !

La convention d'Amorovieta frappait au cœur le parti carliste. L'armée se dispersa dans toutes les directions, Santa Cruz rentra en France.

Il n'y resta qu'une semaine.

Il revint ensuite en Guipuscoa offrir ses services

d'aumônier aux soldats catholiques. Cette fois, l'armée du Nord était victorieuse sur toute la ligne. Ses colonnes tournaient la Biscaye et cernaient Carrasa dans les Amezcoas.

Un jour Santa Cruz se vit perdu. Il s'était séparé de ses amis et était tombé dans une embuscade.

— Je suis Santa Cruz, dit-il aux soldats ; faites de moi ce que vous voudrez.

On le garrotte et on l'emmène au village voisin.

Le commandant du détachement, Urdanpilleta, s'approche du prisonnier :

— Mon cher, vous n'avez pas de chance, dit-il. Dans quelques heures on va vous fusiller.

— Nous verrons, répliqua stoïquement Santa Cruz.

La colonne entre dans un village, s'installe dans une grande maison à trois étages. On enferme le prisonnier dans une chambre sise à proximité du grenier.

Comme on le voit, les Amédéistes prenaient des précautions.

Pouvait-on supposer que Santa Cruz s'évaderait par la fenêtre ?

Ce fut cependant ce qui arriva.

Des amis du captif rôdaient autour de la maison; le curé leur fait un signe, rentre dans sa chambre pour se préparer soi-disant à mourir, mais en réalité à dépouiller un lit de ses draps pour en faire un câble de salut.

Et Santa Cruz tomba dans les bras de deux de ses compagnons d'armes.

Pour dépister ses ennemis, il va se cacher douze heures consécutives dans les joncs d'un marécage. Après ce bain forcé, l'infatigable prêtre se réfugia chez un bûcheron, qui lui donna quelque argent et l'aida ainsi à passer en France.

Une évasion si hardie, ce qu'on savait déjà du curé d'Hernialde, contribua à lui faire une célébrité. Son énergie, son dévouement, son abnégation, devaient faire de lui, d'un moment à l'autre, une des figures les plus marquantes du parti carliste. Ce n'était pas un curé, c'était un *cabecilla* ; ce n'était pas un homme de notre temps, c'était un paladin antique égaré dans notre siècle positif et qui, autrefois, aurait combattu à côté du Cid Campeador.

L'heure arriva où son action exerça sur les événements une influence décisive. Ici commence le vrai rôle de Santa Cruz. Les armées carlistes se soutenaient en Catalogne ; un héros, Saballs, tenait tête à toute l'Espagne et repoussait victorieusement les généraux d'Amédée ; mais dans le Nord-Ouest, tout semblait fini, l'ordre régnait dans les provinces.

On sentait cependant passer dans l'air des bruits de guerre. On se disait qu'une étincelle suffirait pour rallumer l'incendie.

Santa Cruz fut cette étincelle.

— Que· j'aie seulement trente hommes pour combattre avec moi et je rentre, disait-il.

Ces trente hommes déterminés, il les eut bientôt rassemblés et, le 1er décembre 1872, il repassait la frontière.

Six jours après, il arrêtait le train-poste à quelques kilomètres de St-Sébastien, et on apprenait avec stupeur à Madrid que la guerre carliste recommençait.

C'était le glas de mort qui sonnait pour la dynastie de Savoie. On peut dire que ce second soulèvement de la Navarre a été la principale cause de la fuite d'Amédée. Le coup hardi de Santa Cruz détermina une explosion de rage chez les libéraux, de patriotique ardeur chez les catholiques. De tous côtés on cria : *Aux armes !* C'était le cri de Goiriena en Biscaye ; c'était le cri d'Ollo à ses braves compatriotes ; c'était le cri de tous les gens de cœur reprenant leur épée pour frapper un dernier coup.

Il fallait voir alors Santa Cruz parcourant les villages. Ce Pierre-l'Ermite de la guerre carliste mettait tout en mouvement. Il eut bientôt 500 hommes sous ses ordres. Au bout de quelques jours, il les transforma en soldats et les rendit capables des plus hardis coups de main.

Ils étaient peu ou point armés ; aujourd'hui ils ont tous d'excellents fusils Remington et une abondante provision de cartouches.

Ils n'avaient que des haillons pour vêtements ; aujourd'hui ils portent les vareuses et les pantalons des Français et présentent un aspect aussi convenable que celui d'un régiment régulier.

Ils sont organisés, armés, équipés parfaitement. C'est Santa Cruz qui, avec ses propres ressources et celles qu'il a su se procurer, a fait tout cela.

Quelque chose lui manquait, l'artillerie. Aujourd'hui il a deux canons ; quelques jours encore, quelques heures peut-être, il en aura trois autres et pourra, en rase campagne, tenir tête aux troupes républicaines.

La légion de Santa Cruz porte le nom de *légion noire*. Elle est composée de jeunes gens vigoureux que n'ont pas encore énervés les dangereuses délices de notre civilisation. Ils nous rappellent les higlanders d'Écosse qui combattaient à Preston et à Falkirk avec Charles-Edouard. Ces volontaires adorent leur chef et sont pleins de confiance en lui. A quelque heure du jour ou de la nuit qu'il ordonne la marche, on le suit avec enthousiasme.

Santa Cruz est un marcheur infatigable. Partant de Tafalla (Navarre), il arrive en 16 heures, à travers montagnes et ravins, aux confins de la Biscaye. On ne pourrait jamais dire au juste où est Santa Cruz. Sa troupe est cette nuit à Vera ; soyez bien certain que ce n'est pas là qu'elle sera demain au point du jour ; il faudrait la chercher à 30 ou 40 kilomètres dans l'intérieur.

L'ordre le plus parfait règne dans sa petite armée.

Le soir, quand on est arrivé au lieu de la halte ou du campement, que les vivres ont été distribuées et la faim apaisée, à un signal convenu, tout le monde se réunit autour du chef. Alors Santa Cruz redevient pour eux un instant le curé d'Hernialde et récite la prière du soir. On prie pour le roi Carlos-le-Désiré, pour l'Espagne livrée au monstre de l'anarchie, pour ceux qui sont morts et pour ceux qui mourront. C'est l'heure aussi des louanges et des reproches. Puis, tout le monde se couche. Je me trompe, il y en a un qui ne se couche jamais, un qui ne dort jamais, lorsque la sécurité n'est pas tout à fait complète; celui-là, c'est Santa Cruz.

Quand tout son monde est livré au sommeil, il va s'appuyer à une roche ou à un mur, debout, reposant sa tête sur son gros bâton noueux. A sa main il tient une clé. Quand la main engourdie a laissé quatre fois tomber la clé, l'énergique curé donne le signal du réveil et reprend sa marche.

Esquissons le portrait au physique.

Santa Cruz, autrefois maigre et frêle, a pris de l'embonpoint depuis le commencement de la guerre ; son œil qui brille étrangement nous fait deviner l'énergie de l'homme. Il est revêtu d'un veston noir et porte autour de la taille, comme écharpe, la ceinture de laine du Basque. La culotte navarraise, qu'il a définitivement adoptée, laisse deviner une partie de sa jambe emprisonnée dans des guêtres noires.

De mémoire d'homme on a vu peu de *guerilleros* aussi agiles ; à ce point de vue, Mina peut seul lui être comparé. Ceux que l'âge n'ont pas encore abattus, se rappellent cet homme étrange volant de roche en roche le mousquet au poing , comme le chasseur noir de la légende.

Nous ne parlerons pas des récentes prouesses de ce partisan, du combat de Aya, de celui d'Ithurrioz, qui ont fait connaître son nom à toute l'Europe. Nous avons voulu peindre l'homme, parce que c'était l'homme surtout qu'on attaquait.

Ce fut à la suite du combat de Aya que Santa Cruz fusilla un alcalde dénonciateur et une misérable fille, une espionne, que les chroniqueurs faintaisistes nous ont représentée comme une honnête mère de famille, victime d'une barbarie sans nom. Cette femme devait livrer Santa Cruz le jour où tout fut découvert.

Voilà Santa Cruz, lecteur ; le vrai Santa Cruz. Nous vous le présentons sans crainte. Lisez sa lettre, elle vous le fera encore mieux connaître. Buffon l'a dit, le style c'est l'homme.

Carlos DE ROLDAN.

Bayonne, le 15 Avril 1873.

LETTRE AUX JOURNAUX CARLISTES.

13 Mars 1873.

Dans un des derniers numéros de votre journal, je lis une correspondance de Guipuscoa que vous paraissez approuver, puisque vous flétrissez ma manière d'agir dans cette rude campagne ouverte par moi le 1er décembre dernier. Vous dites que les carlistes de Guipuscoa sont douloureusement affectés de certains faits barbares commis par un des chefs du parti carliste de cette province, faisant allusion sans doute à l'exécution d'une femme des hautes terres. Ce chef est celui qui écrit ces lignes, et il a le droit de demander : quels sont les hommes du parti carliste, quel est l'auteur de cette lettre, quel est cet écrivain qui compose des diatribes au coin du feu, alors que, poursuivi par plusieurs colonnes ennemies, les pieds dans la neige, je me sens traqué et perdu. Ce correspondant s'imagine-t-il, par hasard, que par un caprice d'une barbarie inqualifiable, il me plaît d'ôter la vie à une créature de Dieu ? Savez-vous pourquoi j'ai fait fusiller cette femme comme d'autres coupables que j'ai frappés. C'est donc une vie bien précieuse que celle d'une misérable qui, forte de son titre de carliste, livre les volontaires de Dieu et du Roi et porte cousues dans sa robe des dépêches de l'ennemi. Les carlistes savent-ils ce qu'il faut surmonter de peines et d'amertumes pour arriver au triomphe définitif ? S'ils ne le savent pas, qu'ils se taisent ; ce n'est pas par des fleurs de rhétorique et des tirades à effet que l'on vient à bout de l'ennemi ; qu'ils se taisent et ne sèment pas de divisions parmi nous ; qu'ils se taisent et n'excitent pas les soldats contre leurs chefs, qui exposent leur vie pour le succès de la cause et la destruction de la Révolution ; qu'ils se taisent et laissent les manœuvres déloyales à ceux qui n'ont pas le courage de signer ce qu'ils écrivent. Qu'on ne dise pas que nos amis des provinces me blâment en masse ; ils veulent en finir avec le parti de l'anarchie, avec ces députés de Guipuscoa qui mettent nos têtes à prix, avec nos despotes et nos tyrans ; ils savent tous que si j'agis de la sorte, c'est qu'il m'est impossible de faire autrement. Tous mes jeunes volontaires m'approuvent ; ces braves sont disposés à verser à mes côtés jusqu'à la dernière goutte de leur sang, à une condition : c'est que je les débarrasse de ces espions qui nous perdent, espions de l'ennemi ; les uns le sont par crainte, les autres se vendent à prix d'or. Ce sont les Basques qui payent.

On a dit que le parti carliste, qui a noblement fait la guerre jusqu'à ce jour, malgré mille et mille calomnies, a le droit d'exiger qu'un des siens ne le déshonore pas. Vous savez qu'en mai dernier les volontaires ont livré des milliers de fusils ; ce fut là une des pages les plus honteuses du carlisme. Il ne faut pas qu'on revienne à un nouvel Amorovieta. Je me fais fort des lois de la guerre pour châtier non-seulement les espions, mais encore ceux qui pousseraient la félonie jusqu'à livrer leur drapeau. Mes volontaires savent qu'il faut agir avec sévérité pour combattre le mal dans sa racine, mais que la répression n'a lieu que pour des fautes d'une gravité capitale.

Manuel SANTA CRUZ.

Bayonne, imprimerie Lamaignère.

www.ingramcontent.com/pod-product-compliance
Lightning Source LLC
LaVergne TN
LVHW021757030726
842523LV00003B/1070